AF329381

PUPILLES
DE LA NATION

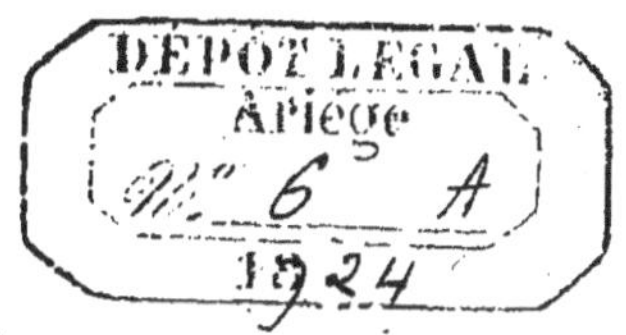

APPLICATION

DE LA LOI DU 27 JUILLET 1917

FOIX

Imprimerie-Librairie Gadrat aîné

1924

PUPILLES DE LA NATION

Tous nos camarades savent qu'à cette heure l'Association des Mutilés est représentée à l'Office des Pupilles de la Nation :

1º Par 4, 6 ou 8 délégués dans chaque section cantonale, nommée par le Préfet sur la proposition de l'Association ;

2º Par 9 délégués élus au Conseil d'Administration de l'Office départemental ;

3º Par 3 délégués à la Section permanente de l'Office.

Dans une circulaire détaillée, le bureau de l'Association a indiqué aux membres des Sections cantonales dans quel esprit ils devaient participer à l'action de ces Commissions, quelle méthode ils devaient suivre pour défendre les droits des pupilles. Cette circulaire indiquait aussi que le *Poilu Ariégeois* publierait régulièrement un certain nombre de petites monographies ou courtes notices qui permettraient à tous nos camarades dont les enfants sont pupilles, de connaître les avantages divers qu'ils peuvent attendre de l'Office et quelles formalités ils doivent remplir pour les obtenir.

Nous les engageons à conserver ces textes documentaires afin de pouvoir s'y reporter le cas échéant.

Ces renseignements seront relatifs à :

L'adoption par la Nation des enfants,

L'attribution des subventions d'entretien, des subventions d'études, des Bourses et exonérations, des subventions d'apprentissage, des subventions pour soins médicaux et pharmaceutiques, des subventions spéciales dites de pécule et aux principaux articles des lois du 27 juillet 1917 et du 26 octobre 1922.

Objet de la loi du 27 juillet 1917
instituant les Pupilles de la Nation

La loi du 27 juillet 1917 a pour objet l'accomplissement d'un devoir social né de la guerre. Elle oblige la Nation à aider matériellement et moralement les enfants de ceux qui ont été tués ou blessés pour sa défense. Elle laisse aux familles le plein exercice de leurs droits, notamment le libre choix de leur éducation : Elle ajoute seulement sa protection à la leur.

Qui doit être Pupille de la Nation ?

La France adopte les orphelins dont le père, ou le soutien de famille a été tué à l'ennemi ou dont le père, la mère ou le soutien de famille est mort de blessures ou de maladies contractées ou aggravées du fait de la guerre.

Sont assimilés aux orphelins, les enfants, nés avant la fin des hostilités ou dans les 300 jours qui suivront leur cessation, dont le père, la mère ou le soutien de famille se trouvent, à raison de blessures reçues, ou de maladies contractées ou aggravées par un fait de la guerre, dans l'incapacité de pourvoir à leurs obligations et à leurs charges de chef de famille.

Sont également assimilés aux orphelins, les enfants dont le père ou le soutien de famille ont disparu à l'ennemi, lorsque les circonstances de cette disparition et l'époque à laquelle elle remonte permettent de conclure que ce militaire est, en réalité, mort pour la France.

Seront réputés de plein droit remplir les conditions prévues par les alinéas 1, 2 et 3 du présent article, en ce qui concerne la cause du décès ou de la disparition et l'origine des blessures ou infirmités, les enfants dont le père ou le soutien est bénéficiaire d'une pension d'infirmité, au titre des lois des 31 mars 1919 et 24 juin 1919.

Sont également assimilés aux orphelins, les enfants victimes de la guerre au sens de la loi du 24 juin 1919.

Comment devenir Pupille de la Nation ?

Le représentant légal de l'enfant (le père, s'il est vivant, la mère, un ascendant ou le tuteur) adresse au Procureur de la République de son arrondissement une demande d'adoption par la Nation. Il joint à la demande :

1º Le bulletin de naissance de l'enfant ;

2º Selon le cas, une copie certifiée de l'acte ou de l'avis de décès ou de disparition du père ou du soutien, un certificat d'origine de blessure ou de maladie ;

3º Une copie du Titre de Pension ;

4º L'extrait du rôle des contributions payées par la famille.

Pourquoi faut-il faire adopter son enfant
Pupille de la Nation ?

1º Réparation du préjudice moral :

La Nation a voulu conférer à ses Pupilles une sorte de noblesse morale. Elle leur donne le plus beau des titres de gloire. Riches et pauvres auront à cœur de le revendiquer. A l'acte de décès du père « MORT AU CHAMP D'HONNEUR », doit répondre l'acte de naissance de l'enfant « PUPILLE DE LA NATION ».

2º Réparation du préjudice matériel :

Les Pupilles de la Nation ne sont pas des enfants assistés ; ce sont des enfants envers qui la Nation a contracté une dette sacrée. Dès que ce titre d'honneur leur a été reconnu, ils ont droit, jusqu'à l'âge de 21 ans, à de nombreux avantages.

SUBVENTIONS D'ENTRETIEN

Si, dans certains cas, les pensions attribuées aux veuves et aux orphelins ne suffisent pas, l'Etat accorde aux Pupilles une subvention d'entretien proportionnée à leurs besoins matériels.

La subvention d'entretien doit être réservée aux enfants sans famille. dépourvus de toutes ressources, ou aux familles nombreuses dans lesquelles le soutien vivant, malgré son travail, sera dans l'impossibilité d'assurer au Pupille le minimum de bien-être matériel nécessaire. Dans tous les autres cas, la subvention d'entretien ne sera accordée que temporairement (maladie de l'enfant, de la mère, du tuteur). Elle variera suivant les circonstances, l'âge et la santé de l'enfant.

Le législateur a voulu que soit assuré le développement normal du Pupille, tant en ce qui concerne l'entretien que l'éducation ; il a prévu l'aide matérielle accordée par l'Office départemental, chaque fois que serait constatée « l'insuffisance de ressources de la famille » ; aide qui doit intervenir proportionnellement à cette insuffisance.

L'attribution de la subvention dépend donc de trois éléments essentiels :

a) Le coût de la vie ;
b) Les ressources de la famille ;
c) La situation spéciale du Pupille (âge, état de santé, milieu dans lequel il vit, genre d'éducation qu'il doit recevoir).

Deux de ces éléments peuvent être fixés en chiffres de façon très approximative.

Le coût de la vie varie évidemment dans le même département, d'une grande ville, à un canton industriel et à une commune rurale.

Chaque famille de Pupille réclamant l'aide matérielle de l'Office départemental reçoit une formule de demande de subvention comprenant un questionnaire précis permettant l'indication en chiffres des diverses ressources des intéressés : revenus, ressources provenant du travail, pension, complément de pension, etc...

Ces demandes sont retournées à l'Office départemental par l'intermédiaire de la Section cantonale qui y fait figurer son avis.

La décision de l'Office est prise non seulement en raison des deux chiffres relatifs au coût de la vie et aux ressources de chacun, mais en tenant compte aussi du troisième élément d'appréciation : la situation spéciale du Pupille.

En aucune façon, la méthode employée ne doit prendre le caractère de l'application d'un barême et se résumer en une opération d'arithmétique. C'est pourquoi dans l'attribution des subventions, l'Office fait intervenir les multiples situations de fait qui l'amènent, suivant le cas, à augmenter ou à diminuer la subvention.

Si le nombre des subventions permanentes d'entretien doit

être limité aux cas d'insuffisance permanente des ressources, il reste bien entendu que l'Office intervient chaque fois qu'il s'agit de parer à une insuffisance momentanée des dites ressources provoquée par la maladie, le chômage et toutes circonstances qui peuvent compromettre le bien-être ou la sécurité du Pupille.

L'aide matérielle accordée par l'Office doit aller à l'enfant et non aux parents. Elle doit permettre une alimentation normale et un habillement convenable. La répartition doit être équitablement faite et l'emploi de la subvention doit être surveillé.

S'il y avait mauvais usage, les membres correspondants de l'Office ou les délégués communaux devraient signaler les cas aux Commissions cantonales qui feraient prendre des mesures par l'Office départemental.

La non attribution de la subvention d'entretien ne suppose pas que l'Office se désintéresse du Pupille, il intervient chaque fois que sa situation le justifie. Son action peut s'exercer dans bien des cas et plus utilement par l'attribution de subventions temporaires, pour soins médicaux et par une aide plus sérieuse accordée aux familles dont les enfants entrent en apprentissage ou poursuivent leurs études.

En exécution des prescriptions de l'article 3 du règlement d'administration publique du 15 novembre 1917, les délibérations de la Section permanente peuvent être frappées d'appel devant le Conseil d'Administration de l'Office départemental dans le délai d'un mois à partir de la communication de la décision.

Le législateur a tenu à donner aux familles des Pupilles de la Nation une garantie contre de fausses interprétations de la loi toujours possibles ; conformément au texte de l'article 26 du règlement d'administration publique, les représentants légaux des Pupilles peuvent adresser à l'Office National des recours contre les délibérations du Conseil d'Administration de l'Office départemental.

TAUX DES SUBVENTIONS D'ENTRETIEN

Orphelins de père et de mère : 60 frs par trimestre et par enfant.

Fils de veuves : 45 frs par trimestre et par enfant.

Enfants de mutilés :

1º De zéro à 50 % : 3o frs par trimestre et par enfant ;

2º De 5o à 8o % : 36 frs par trimestre et par enfant ;

3º De 8o à 100 % : de 45 à 6o frs par trimestre et par enfant.

La subvention d'entretien est accordée aux Pupilles jusqu'à l'âge de 13 ans ; à partir de cet âge, elle est supprimée, pour être remplacée, le cas échéant, par des subventions d'études ou d'apprentissage.

SUBVENTIONS D'APPRENTISSAGE

Un enfant, mis en apprentissage dans une école d'agriculture, dans une fabrique, une usine, chez un petit patron, peut recevoir une subvention qui dédommage les parents de la perte pécuniaire qu'ils subissent en retardant l'époque où le travail de l'enfant sera rémunéré. L'enfant peut recevoir également une subvention lorsqu'il apprend un métier en restant dans sa famille.

Dossier à constituer pour l'attribution des subventions d'apprentissage :

1º Demande de subvention faite par le représentant légal de l'enfant ;

2º Bulletin de naissance de l'enfant ;

3º Certificat de l'employeur attestant la présence de l'apprenti dans son atelier, dans sa fabrique ou dans son usine.

4º État des dépenses qu'a à supporter la famille si l'apprenti vit au dehors ;

5º Extrait du rôle des contributions payées.

Le dossier ainsi constitué est adressé au Président de l'Office départemental.

Le taux des subventions d'apprentissage varie avec les ressources des familles, l'âge des enfants et la nature de l'apprentissage.

ETUDES

Des bourses dans les facultés, lycées, collèges, cours secondaires, écoles primaires supérieures, cours complémentaires, écoles professionnelles, écoles techniques sont conférées aux Pupilles de la Nation dont l'aptitude a été constatée par les examens d'aptitude aux bourses.

Les élèves qui fréquentent une école libre et qui ont satisfait à ces examens reçoivent de l'Office départemental des subventions équivalentes aux bourses.

Les candidats de la première série pour l'enseignement secondaire des garçons doivent être âgés de moins de 12 ans au 1er janvier de l'année du concours.

Les candidats de la première série pour l'enseignement secondaire des filles doivent avoir moins de 13 ans au 1er octobre de l'année du concours.

Les candidates et les candidats de la première série de l'enseignement primaire supérieur doivent avoir moins de 14 ans au 31 décembre de l'année du concours.

Des EXONÉRATIONS peuvent être accordées aux Pupilles de la Nation qui n'auraient pas encore pu subir l'examen d'aptitude aux bourses.

Pour l'enseignement secondaire, les candidats doivent être capables de suivre la classe de 6e (garçons) ou de 1re année (filles).

Pour l'enseignement primaire supérieur les candidats doivent être titulaires du certificat d'études primaires élémentaires et avoir suivi une année le cours supérieur des écoles primaires.

Les élèves des écoles libres sont soumis aux mêmes conditions.

Les demandes d'exonérations doivent être remises à l'Inspection académique avant le 10 août et accompagnées des pièces énumérées ci-après :

1° Bulletin de naissance de l'enfant ;

2° Copie de l'acte de décès du père ou certificat d'origine de blessure ou de maladie ;

3° Certificat scolaire du chef d'établissement ;

4° Extrait du rôle des contributions ;

5° Extrait du jugement d'adoption comme pupille.

Toutes ces pièces sont exemptes de timbre.

Les bénéficiaires d'exonérations sont tenus de se présenter à l'examen d'aptitude aux bourses.

Ces exonérations n'ont qu'un caractère temporaire et sont supprimées aux élèves qui ne donnent pas satisfaction par leur conduite, leur travail et leurs progrès.

PROTECTION MÉDICALE DES PUPILLES DE LA NATION

Des subventions spéciales pour frais de maladies et traitements prolongés peuvent être accordées aux pupilles. Toute demande de subvention de ce genre doit être accompagnée d'un certificat médical indiquant la maladie de l'enfant et des reçus des sommes payées au médecin et au pharmacien.

L'Office accorde de grands avantages aux pupilles dont l'état de santé nécessite un traitement dans les établissements appropriés.

PLACEMENT — SITUATION — PÉCULE

L'apprentissage terminé, les études finies, le Pupille n'est point abandonné à lui-même. Il est aidé, guidé et même favorisé dans la carrière qu'il a choisie.

Pécule. — Le pécule sera réservé aux Pupilles qui, au moment de leur établissement ou de leur majorité, rentreront dans les conditions prévues par la loi pour obtenir une subvention.

Voici sur ce point les explications et les précisions complémentaires qui devront guider nos correspondants et nos Sections lorsqu'il y aura lieu pour eux d'instruire des demandes de pécule.

Le pécule est une somme d'argent destinée à faciliter l'entrée dans la vie des pupilles, en mettant à leur disposition, au moment du mariage ou de leur établissement, un petit avoir (le maximum de cette somme a été fixé par l'Office National à 1500 francs).

Cette définition est suffisamment large et suppose la plus grande variété dans les divers cas qui peuvent se présenter. Pour se prononcer sur l'espèce de pécule à attribuer suivant les circonstances, il y aura lieu d'étudier les conditions particulières de chaque pupille. On sera ainsi amené à envisager tour à tour le pécule de mariage, pour dot, trousseau, aménagement ; le pécule d'installation pour outillage, accession à la petite propriété rurale, etc...

En tout cas la notion du pécule devra être appliquée dans un sens large. Exemple : Le pupille qui a fait un apprentis-

ASSOCIATION ARIÉGEOISE

Aux Camarades.

La présente brochure de documentation sur les Pupilles de la Nation remplacera le numéro du 25 février de notre journal *Le Poilu Ariégeois*.

Aux Veuves de Guerre.

Un concours pour l'admission d'une dactylographe dans les bureaux de la Sous-Préfecture de Saint-Girons aura lieu le jeudi 20 mars 1924 dans une des salles de l'hôtel de la Préfecture.

Peuvent seules se faire inscrire les veuves de guerre non remariées ; les veuves de guerre remariées ayant un ou plusieurs enfants âgés de moins de 18 ans ou plus âgés mais infirmes et à leur charge, issus de leur mariage avec un militaire mort pour la France ; les mères non mariées ayant un ou plusieurs enfants âgés de moins de 18 ans ou plus mais infirmes et à leur charge, enfants reconnus d'un militaire mort pour la France ; les victimes civiles de la guerre. — Les candidates doivent se faire inscrire au Secrétariat général de la Préfecture *avant le 1er mars,* date à laquelle la liste sera close.

(Extrait de l'arrêté préfectoral du 9 février 1924.)

Pour tous renseignements (épreuves du concours, pièces du dossier, etc...) s'adresser au Secrétariat général de la Préfecture ou au Siège social de l'Association, 1, rue de Villote, Foix.

LA RÉDACTION du *Poilu Ariégeois*.

sage devient généralement un bon ouvrier avant 21 ans. L'apprenti menuisier qui devient maître dans son métier, au moment où il cesse d'être apprenti, achète des outils, s'installe, non pas comme patron, mais chez lui, et a besoin non seulement des outils nécessaires à son métier, mais de quelques meubles qui lui permettront de se mettre chez lui. Le pécule pourrait l'aider en cette circonstance.

Le Conseil supérieur a voulu qu'après avoir aidé l'enfant depuis sa naissance, par les subventions d'entretien, d'apprentissage, de maladie, il lui soit donné une dernière et suprême aide, le jour où il en a besoin pour entrer dans la vie.

Telle est la règle générale à ne pas perdre de vue.

La demande de pécule doit être adressée au Président de l'Office départemental. Elle doit être faite à l'occasion du mariage ou de l'établissement et toujours à l'âge de 21 ans. Si au moment de leur majorité les pupilles ne sont ni mariés ni établis, une demande peut être, néanmoins, présentée à l'Office départemental qui prendra une décision de principe et fixera l'époque à laquelle l'attribution effective du pécule aura lieu.

PAR QUI LA LOI DU 27 JUILLET 1917 EST-ELLE APPLIQUÉE ?

L'application générale de la loi est confiée à l'Office National des Pupilles de la Nation dont le siège est à Paris (VIIᵉ), 11, rue de l'Université. Cet Office « exerce sur tout l'ensemble de l'Œuvre et pour toute l'étendue du territoire, une action générale d'impulsion, de direction et de contrôle ». « Il répartit les subventions de l'Etat ».

Dans chaque chef-lieu, il existe un Office départemental de Pupilles de la Nation. Cet Office a reçu de la loi mission de veiller sur les Pupilles du département et de leur procurer les avantages les plus conformes à leur propre intérêt et à l'intérêt du pays.

COMPOSITION DE L'OFFICE DÉPARTEMENTAL DES PUPILLES DE LA NATION

L'Office départemental comprend, avec le Préfet comme Président de droit, des représentants locaux, des représentants de l'Etat, des représentants de groupements sociaux, savoir :

Quatre conseillers généraux élus pour trois ans par le Conseil général ;

Le Procureur de la République ou son Substitut ;

L'Inspecteur d'académie ; un instituteur et une institutrice désignés par leurs collègues ; le Directeur départemental des services agricoles ; un inspecteur du travail ; deux membres, homme et femme, de l'enseignement professionnel, industriel, agricole ou commercial, élus par leurs collègues ;

3 délégués, dont une femme, élus par les membres des Chambres de commerce et les membres des Chambres syndicales, patronales du département ;

3 délégués, dont une femme, élus par les Chambrès syndicales ouvrières départementales ;

3 délégués, dont une femme, élus par les Associations et Syndicats agricoles du département ;

3 délégués, dont une femme, élus par les Associations coopératives ouvrières de production et de consommation du département ;

2 représentants, dont une femme, élus par les établissements de bienfaisance privés ;

3 délégués cantonaux du département ;

3 délégués des Sociétés de Secours mutuels du département ;

9 délégués, dont 3 femmes, élus par les membres des Associations philanthropiques ou professionnelles exerçant le patronage des orphelins de la guerre ;

9 délégués, dont 3 femmes, élus par les membres des Associations ou sections départementales d'Association de Mutilés et Réformés de la Guerre, Veuves de Guerre et Ascendants de Combattants morts pour la Patrie.

La durée des pouvoirs des membres élus est de trois années.

L'Office départemental nomme, pour une durée de deux ans, une Section permanente dont les membres sont pris dans son sein, et dont un tiers est représenté par des femmes.

SECTIONS CANTONALES

L'Office départemental choisit dans chaque canton des correspondants parmi les délégués cantonaux, !es maires, les conseillers municipaux, les instituteurs et institutrices et les particuliers de l'un et l'autre sexe offrant toutes garanties de moralité et de compétence, notamment parmi les membres des Sociétés protectrices de l'enfance et les membres des Associations de Mutilés et Réformés de Guerre, Veuves de Guerre, Ascendants de Combattants morts pour la France, d'Anciens Combattants.

Ces correspondants forment la Section cantonale dont le conseiller général, le ou les conseillers d'arrondissement et le maire du chef-lieu sont membres de droit. La Section cantonale choisit son président, désigne une commission permanente, qui comprend un tiers de femmes, et en détermine le fonctionnement et les pouvoirs.

Les correspondants cantonaux et communaux vivent tout près des Pupilles, ils les connaissent individuellement ; c'est à eux qu'il appartient de signaler à l'Office toutes les situations qui nécessitent une intervention d'urgence.

Ils doivent être pour l'Office les agents les plus actifs et les plus vigilants.

Président de l'Office : M. le préfet de l'Ariège.

Président de la Section permanente : M. Malaval, proviseur du lycée de Foix.

Secrétaire général : M. Araud, mutilé de guerre.

RENSEIGNEMENTS DIVERS

STATISTIQUE

Au 1er octobre 1923, le nombre total des Pupilles régulièrement inscrits sur les contrôles de l'Office est de 3.575.

ENTRETIEN

Le nombre des Pupilles bénéficiaires d'une subvention permanente d'entretien est de 1600.

APPRENTISSAGE

Le nombre des Pupilles bénéficiaires d'une subvention d'apprentissage est de 95 :

Gourdan-Polignan	11
Ferme-Ecole de Royat	15
Apprentissages divers	69

ÉTUDES : BOURSIERS

Le nombre de Pupilles titulaires d'une bourse dans les établissements d'enseignement est de 101.

EXONÉRÉS

Le nombre des Pupilles bénéficiaires d'une exonération des frais de pension dans les divers établissements d'enseignement est de 54.

ENSEIGNEMENT PRIMAIRE SUPÉRIEUR

Nombre de Pupilles : 89.

ENSEIGNEMENT SECONDAIRE

Nombre de Pupilles : 47.

ÉTABLISSEMENTS LIBRES

Nombre de Pupilles : 19.

CONSEILS DE FAMILLE

Aux termes de l'article 395 du Code civil, toute mère tutrice qui veut se remarier, est tenue, avant l'acte de mariage, de convoquer le conseil de famille qui décide si la tutelle du ou des mineurs doit lui être conservée pendant son second mariage ; à défaut de cette convocation, elle perd de plein droit la tutelle dont elle était investie.

FRAIS DE RÉUNION
DES CONSEILS DE FAMILLE

Le Ministre de la Justice, contrairement à l'esprit de la loi qui veut que toute la procédure soit gratuite, avait décidé que les frais dont il s'agit seraient laissés à la charge des intéressés.

Dorénavant et afin qu'aucune charge, si faible soit-elle, ne puisse entraver l'application de la loi, les frais exposés pour les délibérations des Conseils de famille seront acquittés par l'Etat au titre des frais de justice.

TUTELLE DES PUPILLES DE LA NATION

S'il n'existe ni ascendant, ni tuteur testamentaire, ou si ceux-ci sont excusés de la tutelle ou en ont été exclus, le Conseil de famille peut décider que la tutelle sera confiée à l'Office départemental qui la délègue ensuite, sous son contrôle, soit à un de ses membres, soit à tout autre personne de l'un ou l'autre sexe, agréée par lui. En ce cas, il n'est pas institué de subrogé-tutelle, et les biens du tuteur délégué ne sont pas soumis à l'hypothèque légale instituée par l'article 2121 du Code civil.

MAJORATIONS POUR ENFANTS

La loi du 13 juillet 1923 complète l'art. 71 de la loi du 31 mars 1919.

Avant la promulgation de cette loi, si des enfants étaient abandonnés par leurs pères et mères titulaires d'une pension il n'était possible de retirer à ces derniers le bénéfice des majorations que si le Tribunal les avait déclarés déchus de la puissance paternelle. Mais cette déchéance ne pouvant être prononcée que pour des faits d'une exceptionnelle gravité, il était très difficile d'obtenir dans la pratique l'application du paragraphe de l'art. 71, le plus souvent les enfants demeuraient lésés.

La loi nouvelle, pour mettre fin à ce fâcheux état de choses, donne aux Tribunaux le pouvoir d'apprécier, d'après les circonstances de fait, s'il convient de retirer les majorations aux titulaires qui ne s'en montreraient pas dignes pour les attribuer à la personne ou à l'établissement qui s'occupe effectivement des enfants.

ÉCOLE DE MÉTIERS DE GOURDAN-POLIGNAN

Il existe à Gourdan-Polignan (Haute-Garonne), une école de métiers qui se donne pour mission de rénover l'artisanat agricole et les professions du bâtiment. Son but est de former des ouvriers connaissant leur métier, possédant une instruction générale suffisante et de sérieuses notions techniques.

Les élèves sont groupés d'après leur préférence dans les sections suivantes :

Ajusteurs-mécaniciens, mécaniciens, serruriers, plombiers, réparateurs de machines agricoles et automobiles, forgerons, maréchaux-ferrant, électriciens, maçons-plâtriers, tailleurs de pierre et marbriers, charrons, charpentiers-menuisiers, ébénistes, agriculteurs, commerçants.

La durée de l'apprentissage est fixée, en principe, à 3 ans dans toutes les sections industrielles, et à 2 ans dans les sections agricoles et commerciales.

Les élèves sont admis, en principe, sans examen. Il sera procédé à un concours d'entrée pour les sections où le nombre des demandes serait supérieur à celui des places disponibles.

Les candidats doivent être âgés au minimum de 13 ans, une dispense est accordée à ceux qui sont pourvus du certificat d'études.

La demande d'admission, faite au Directeur de l'école de métiers, par le père ou le tuteur doit porter l'indication de la section ou du métier choisi. Cette demande doit être accompagnée d'un bulletin de naissance et, le cas échéant, d'une pièce prouvant que le candidat a obtenu le certificat d'études primaires. Elle est adressée à l'Office départemental des Pupilles de la Nation.

Des bourses peuvent être attribuées aux élèves.

FERME-ÉCOLE DE ROYAT, près le VERNET-d'Ariège

La Ferme-École de Royat a pour mission de former d'habiles cultivateurs, des praticiens capables soit d'exploiter avec intelligence leur propriété, soit de cultiver la propriétéé d'autrui ou d'en diriger les travaux comme hommes d'affaires, gérants, régisseurs.

La durée de l'apprentissage à la Ferme-École de Royat est de trois ans. Des bourses d'apprentissage sont accordées par l'Office départemental, aux Pupilles de la Nation élèves dans cet établissement.

Le concours d'admission a lieu chaque année à Royat en septembre.

Pour être admis, les candidats doivent adresser à l'Office départemental des Pupilles de la Nation les pièces suivantes:

1° Demande d'admission ;

2º Bulletin de naissance ;
3º Certificat d'un médecin constatant qu'ils ont été vaccinés ;
4º Certificat de bonnes vie et mœurs délivré par le maire.

AVIS IMPORTANT

Les correspondants de l'Office sont priés de faire connaître directement à l'Office, les changements d'adresse des orphelins de leur commune dès qu'ils se produisent. Prière d'aviser également en cas de décès.

JUGEMENTS D'ADOPTION

Il est rappelé qu'aux termes de la loi du 27 juillet 1917, en cas de refus d'adoption d'un enfant comme Pupille de la Nation, il peut être interjeté appel dans le délai d'un mois par le représentant légal de l'enfant, par lettre recommandée, adressée au greffier en chef de la Cour d'appel de Toulouse (pour le département de l'Ariège).

Foix, imprimerie Gadrat aîné. — 15900.